LIMADURAS DEL DECIR

EOLAS
ediciones

LIMADURAS DEL DECIR

Iván Navarro Lluesma

«Peligro de que el desastre adquiera sentido
en lugar de adquirir cuerpo».

Maurice Blanchot

Iván Navarro y la vida
en palabras recortadas

El interesante, bello poemario que el lector tiene entre las manos, del escritor Iván Navarro Lluesma (Valencia 1987), abre sus páginas apuntando a lo que en el poemario tratará de decir, en el esfuerzo imposible de probar que la lengua, extranjera del lenguaje, nos atraviesa, hasta limar el hueso de las palabras que conforman nuestro cuerpo.

Se acoge así en su intento el autor, a la definición de Exordio. Para jugar después con las palabras, en la configuración de poemas, sentencias y aseveraciones, hasta la disolución del sujeto poético que trata de cernir la nada que hace al poema. Su misterio.

De esta manera se reconoce en su vacío el poder de la palabra, restos, *limaduras del decir* que Navarro Lluesma nos propone como retazos desprendidos, accediendo de esta forma a la partitura inviolable de la resonancia.

No se trata en este poemario de poesía lírica, tampoco de la que se ampara en la senda del sentido o la experiencia, ni de ubicarse en un determinado estilo. Sino de abordar en un ejercicio minucioso ya desde el comienzo, la separación que hay entre cuerpo y lenguaje, la interrogante que nos convoca entre existencia y lengua, advirtiéndonos del tajo que se abre a la hora de querer dar cuenta de lo que hay de lo real, por medio de la lengua. Un abordaje de la naturalidad imposible de esta y sus profundos y extraños artificios. Una manera propia de la poesía, de estar en el lenguaje muy distinta de la que encontramos tanto en el cientifismo como en la creencia de la objetividad unilateral de los significantes o la lógica de la causa-efecto.

Toda poesía válida, como ya señalara Huidobro, tiende al límite de la imaginación. Al llegar a ese lindero final, el encadenamiento habitual de los fenómenos rompe su lógica, y al otro lado, en donde empiezan las tierras del poeta, la cadena se rehace en una lógica nueva. Lógica que toma la realidad, podemos añadir y la transfigura y la exprime, haciéndole brotar su esencia íntima, su verdad imposible.

con temblor

la lengua pájaro

enjaulada

genera artefactos
que simulan libertades

Dirá Lluesma como un eco.

En cualquiera de los poemas de *Limaduras del decir*, pero de manera aún más evidente en aquellos que resaltan sus cualidades visuales o sonoras, sería inadecuado concebir su estructura simplemente como un significado profundo adornado por caprichos formales, sino que hay que orientarse por un camino que apela al desprendimiento. Soslayando así el falso binarismo entre lo objetivo y lo subjetivo, la materia y el pensamiento. Un intento de acotar lo real y poder decirlo. Punto en común de la poesía con el psicoanálisis, discurso al que nuestro autor se acerca y comparte.

Limaduras del decir a través de las cuales no conoceremos la vida de un sujeto, no se trata de eso, pero sí nos permitirá asomarnos a aquello que trasciende cualquier tipo de cotidianeidad, el laberinto de posibilidades y meandros pues cada escritura está compuesta por multitud de nudos a merced del azar, la contingencia en la que cada nudo constituye una encrucijada, que darán lugar a los recortes del cuerpo que nuestro autor torna en poemas, en el atrevimiento del misterio de lo que se repite, del encuentro con lo real irrevocable. El pasar de los días en el sexualizado cuerpo para saber en el poema que uno es solo palabras repetidas.

escribo un secreto

fui abusado
por tres mujeres

en mi infancia

lo leo

ya no tiene sentido

Un viaje por el tiempo de la soledad acontecida, de la duda y el duelo, como esas palabras escuchadas aunque no comprendidas que ya en el índice del poemario, como prófugas, tratan de sorprendernos.
Antes del Exordio, la trampa también para el poeta, que solo anticipa cuando crea.

un agujero en la voz
es relamido por la lengua/materna

en busca de los pliegues
del jugo del vacío

Y allí el poema, que acierta a decir algo que no puede ser dicho de otro modo; eso que dice lo imposible y la sorpresa conjuga.

María Navarro
Málaga, *Bobastro*, enero 2025

Índice

Exordio

Las limaduras del decir son el sobrante que retorna constantemente en forma de oración y palabras que generan una rozadura en el significante. Es el excedente que no puede captarse directamente por el sentido y cae del lado del ritmo y de la paradoja. A fin de cuentas, es mostrar el desbordamiento producido por la escritura para dejarse decir por la lengua familiarmente extrañada: el saber que habla solo, como expone Jacques Lacan.

Aquí pues, el rumiar de un ser hecho por el lenguaje que juega con los significantes. Ahí, ante la angustia de enfrentarse a la propia escritura, es de donde se desprenden las limaduras del decir.

observo
la silenciosa sequedad de una hoja
devorada por la ansiedad

de la luz

el tiempo del cuerpo
es la reiteración de la luz
en harapos de piel

el cuerpo del tiempo
es el latente crepitar

de la materia

los dioses
son las cicatrices
del lenguaje

donde la articulación
de la voz
se oye a sí misma

bailan
con el viento:
ramas, flores, hierba.

¿cuál es el viento
que me mueve?

con temblor

la lengua-pájaro

                    enjaulada

genera artefactos
que simulan libertades

escribo un secreto

fui abusado
por tres mujeres
en mi infancia

lo leo

ya no tiene sentido

un agujero en la voz
es relamido por la lengua/materna

en busca de los pliegues
del jugo del vacío

en el viento
descubro sonidos

/recurrentes/

¿es mi llanto
de niño?

hago extracciones
del vacío

lleno de ficción
el transcurso

la nada
es el sonido de mi nombre

cañaveral de gusano
en un movimiento perpetuo

silbido agarrándose
al traslúcido insistir
del cuerpo del viento

para aquellos que se miran

/por la distancia

lo hacen en tiempos distintos

lo que da lugar
a la interpretación
de las miradas

sostengo un vaso vacío

miro a través de la ventana
me sostengo callado

ayer murió mi madre

el padre es la distancia
porque la madre es la piel

la perversión se da
por cómo a uno
                    se le acercan

a la piel

cuando hay un borde

donde lo ominoso retorna

se forma la consciencia
transformada en moral

aquello que hago

                   no está acorde al deseo

¿a cuál?

¿qué desearía si estuviese solo?

el grano del sonido

urde tejidos de voz

la palabra los envuelve
dando forma hueca

al espectro del fantasma

soy textura

murmullo
del reiterado movimiento
en la aguja

que rasga
el final del vinilo

me dices que escriba

algo bello

que mis versos
son sobre el desastre

¿acaso no es la escritura
desastre?

y apenas alcanzo

la pupila de tus ojos
al cerrarse

ahí desaparezco

al separar mis manos
se genera un espacio

que delimitado por dos palmas
es silencio

tres horas y veintitrés minutos

pájaros en vuelo
formando texturas negras
en el herrumbre atardecer

bruma de luz recostada
en la cara opuesta
de la montaña

limadura de pájaros imantada
en cables de alta tensión

tristeza

agujero
del rasgado violento
que queda
cuando se arranca

un tiempo de ser

harapos de sal
        en la cremallera del sueño

a veces no puedo dormir
        no puedo dormir

¿qué pende todavía
        en el sueño diurno?

los ojos saborean
       las sombras
       lunáticas
de la habitación

las manos

        se encogen

en la costura del guante

el frío seca

        el hueco

entre los dedos

áfona es la lengua

        que los otros no oyen

pero que sienten en el cuerpo

        como herencia

de letra encarnada

no hay nadie en la voz

ahí
     sigo vivo

¿y si la palabra estuviera hueca?

mi cuerpo
        sería de garabatos
a la espera

de nuevas comisuras

tiendo la ropa
      en mi piel desnuda

los huesos siempre escondidos
pero protuberantes

¿la piel puede estar desnuda?

palmeras verticales están vestidas
de hojas muertas

el niño maquillado
al otro lado del cristal

no es

                        mío

hiervo la patata
que vuelve blanda la piel de mis manos

el tenedor se aplasta
en la descomposición
de la arena amarillenta

añado sal y aceite

separo la yema de la clara
y la dejo morir
en la patata

hago el puré
como lo hacía mi abuela

cuando el cristal se vuelve
papel de plata incandescente
amanece una nueva luz

la sombra
es la mudez

del cuerpo elidido
en extensión

no puedo hablarte del amor
porque ocurre en el silencio

                           del decir

hablar recubre el acto
y el acto no es un hecho

sólo puede amarse

                   en el acto del decir

el tiempo no es metal
aunque sí se cristaliza

lo llamo memoria

miro

      tu cuerpo

haba de tu piel

mis ojos se tensan

      las palomas del patio trasero
      vuelan
      se golpean contra la pared

      una cae al suelo

ya has vestido tu cuerpo

existe un lugar
      en el cuerpo

que se sostiene por una marca

los actos
      la en-visten de piel
                          una y otra vez
ciegos y mudos, sin cesión

      solo, cuando olvida el acto
algo cae:

      el modo de buscar
sobre la causa

soy ser de lenguaje

       al nacer dos caminos:
            ser tuyo
            o ser suyo
                    / ¿madre? /

Tras la agonía
con el tropiezo del deseo
                 Materno

¿ser tu yo?
¿o ser su yo?

La cuestión no es de posesión
                ni de imagen yoica

es un(a) mat(r)iz
del lenguaje

       ser entre
            in-significantes

sentado
miro por la ventana

no hago nada más
miro

paso varias horas
          en silencio y mirando

solamente eso
                    mirar en soledad

la quietud
        requiere de una decisión de cuerpo

suspender el movimiento
        conlleva efectos

los afectos con-mueven
        y se articulan los pensamientos

el fantaseo
        convierte las afecciones
en escenarios plausibles

actúo
en soledad

es finales de invierno
            al medio día

                        no más de las tres

mi hija me llama
            ha escrito una letra

mi mujer lee
            me mira

es finales
            y apenas soy

            en este instante tan puro

escribir la mano
   con la mano

para tener un cuerpo
recubierto

              de narración de memoria

la pasión de un gusano
radica

en la velocidad insumisa de su sombra

que ladea
la hoja

continúo
con las virutas
de aquello que no alcanzo a decir

un garabato
en el cuerpo

© de los textos: Iván Navarro Lluesma
© de la edición: EOLAS EDICIONES

Diagramación: contactovisual.es
Fotografía de portada: Iván Navarro Lluesma
ISBN: 979-13-87753-22-1
Deposito legal: LE 239-2025
Impreso en España - Printed in Spain